50 Recetas Gourmet de Cocina Vegetariana

Por: Kelly Johnson

Table of Contents

- Huevos Benedictinos
- Tostadas Francesas
- Panqueques de Banana
- Omelette de Queso y Espinacas
- Bagel con Salmón Ahumado
- Ensalada de Aguacate y Tomate
- Croissant con Jamón y Queso
- Muffins de Arándanos
- Quiche de Espárragos
- Smoothie Bowl de Frutas
- Huevos Rancheros
- Tortilla Española
- Sándwich de Pollo y Pesto
- Crepas de Nutella
- Chilaquiles Verdes
- Tostada de Aguacate con Huevo
- Arepas con Queso

- Pan de Banana con Nueces
- Ensalada César con Pollo
- Muffins Salados de Jamón
- Burrito de Desayuno
- Huevos Revueltos con Champiñones
- Waffles con Miel
- Porridge de Avena con Frutas
- Panini de Mozzarella y Tomate
- Sándwich de Huevo y Tocino
- Ensalada de Frutas Tropicales
- Bagel con Queso Crema y Pepino
- Tostadas con Mermelada y Mantequilla
- Tortilla de Patatas
- Panqueques de Avena y Manzana
- Huevos al Horno con Espinacas
- Crepas Saladas de Jamón y Queso
- Sándwich de Atún y Aguacate
- Smoothie Verde Detox
- Empanadas de Queso

- Huevos a la Mexicana
- Croissant de Almendras
- Ensalada Caprese
- Panecillos Integrales con Miel
- Sándwich Club
- Tostadas con Hummus y Tomate
- Tortilla de Verduras
- Panqueques de Chocolate
- Ensalada de Quinoa y Vegetales
- Huevos con Chorizo
- Burrito Vegetariano
- Crepas con Frutas y Yogur
- Bagel con Huevo y Queso
- Tostada de Ricotta con Miel

Huevos Benedictinos

Ingredientes:

- 2 huevos
- 2 muffins ingleses (o panecillos)
- 4 lonchas de tocino o jamón
- Salsa holandesa (mantequilla, yemas, limón)
- Vinagre
- Sal y pimienta

Preparación:

1. Tuesta los muffins y calienta el tocino o jamón.
2. Haz huevos pochados: hierve agua con un poco de vinagre, casca el huevo y cocina 3-4 minutos.
3. Coloca sobre cada muffin una loncha de tocino, un huevo pochado y baña con salsa holandesa.
4. Sirve inmediatamente.

Tostadas Francesas

Ingredientes:

- 4 rebanadas de pan
- 2 huevos
- 1/2 taza de leche
- 1 cucharadita de canela (opcional)
- Mantequilla
- Azúcar o miel para servir

Preparación:

1. Bate los huevos con la leche y la canela.
2. Sumerge las rebanadas de pan en la mezcla.
3. Cocina en sartén con mantequilla hasta que estén doradas por ambos lados.
4. Sirve con azúcar, miel o frutas.

Panqueques de Banana

Ingredientes:

- 1 banana madura
- 1 huevo
- 1/2 taza de harina
- 1/2 taza de leche
- 1 cucharadita de polvo para hornear
- Mantequilla o aceite para cocinar

Preparación:

1. Tritura la banana y mezcla con huevo y leche.
2. Añade la harina y el polvo para hornear, mezcla bien.
3. Cocina en sartén con mantequilla hasta que se doren ambos lados.
4. Sirve con miel o frutas.

Omelette de Queso y Espinacas

Ingredientes:

- 3 huevos
- 1 taza de espinacas frescas picadas
- 1/2 taza de queso rallado
- Sal y pimienta
- Aceite o mantequilla

Preparación:

1. Bate los huevos con sal y pimienta.
2. Saltea las espinacas rápidamente.
3. Vierte los huevos en sartén con mantequilla.
4. Cuando empiece a cuajar, añade las espinacas y el queso.
5. Dobla el omelette y cocina hasta que el queso se derrita.
6. Sirve caliente.

Bagel con Salmón Ahumado

Ingredientes:

- 1 bagel partido a la mitad
- 100 g de salmón ahumado
- Queso crema
- Rodajas de cebolla morada
- Alcaparras (opcional)
- Eneldo fresco

Preparación:

1. Tuesta el bagel.
2. Unta queso crema en ambas mitades.
3. Coloca el salmón, la cebolla, alcaparras y eneldo.
4. Sirve frío.

Ensalada de Aguacate y Tomate

Ingredientes:

- 1 aguacate maduro
- 2 tomates medianos
- Aceite de oliva
- Jugo de limón
- Sal y pimienta
- Cilantro o albahaca (opcional)

Preparación:

1. Corta el aguacate y los tomates en cubos.
2. Mezcla en un bowl con aceite, limón, sal y pimienta.
3. Añade hierbas frescas si deseas.
4. Sirve fresca.

Croissant con Jamón y Queso

Ingredientes:

- 1 croissant
- 2 lonchas de jamón
- 2 lonchas de queso
- Mantequilla

Preparación:

1. Abre el croissant por la mitad.
2. Coloca el jamón y el queso dentro.
3. Calienta en sartén o horno hasta que el queso se derrita.
4. Sirve caliente.

Muffins de Arándanos

Ingredientes:

- 1 1/2 tazas de harina
- 3/4 taza de azúcar
- 1/2 taza de leche
- 1 huevo
- 1/3 taza de aceite
- 1 cucharadita de polvo para hornear
- 1 taza de arándanos

Preparación:

1. Mezcla los ingredientes secos.
2. En otro recipiente, bate el huevo, leche y aceite.
3. Incorpora todo y agrega los arándanos con cuidado.
4. Llena moldes para muffins y hornea a 180°C por 20-25 minutos.

Quiche de Espárragos

Ingredientes:

- Masa para quiche o pie
- 4 huevos
- 1 taza de crema o leche
- 1 taza de espárragos cocidos y picados
- 1/2 taza de queso rallado
- Sal, pimienta y nuez moscada

Preparación:

1. Precalienta el horno a 180°C.
2. Coloca la masa en un molde para quiche.
3. Mezcla huevos, crema, sal, pimienta y nuez moscada.
4. Añade los espárragos y el queso.
5. Vierte la mezcla en la masa y hornea 35-40 minutos o hasta que cuaje y dore.

Smoothie Bowl de Frutas

Ingredientes:

- 1 plátano congelado
- 1 taza de frutas mixtas congeladas (fresas, arándanos, mango)
- 1/2 taza de yogur natural o griego
- 1/4 taza de leche o bebida vegetal
- Toppings: granola, semillas, frutas frescas

Preparación:

1. Licúa el plátano, frutas congeladas, yogur y leche hasta obtener una mezcla cremosa y espesa.
2. Sirve en un bowl y decora con granola, semillas y frutas frescas al gusto.

Huevos Rancheros

Ingredientes:

- 2 tortillas de maíz
- 2 huevos
- Salsa roja o verde
- Frijoles refritos
- Queso fresco
- Cilantro y cebolla picada (opcional)

Preparación:

1. Fríe ligeramente las tortillas.
2. Cocina los huevos estrellados o al gusto.
3. Calienta la salsa y los frijoles.
4. Coloca sobre cada tortilla frijoles, huevo y salsa.
5. Decora con queso, cilantro y cebolla.

Tortilla Española

Ingredientes:

- 4 papas medianas
- 1 cebolla
- 5 huevos
- Aceite de oliva
- Sal

Preparación:

1. Pela y corta las papas en rodajas finas, y la cebolla en juliana.
2. Fríe papas y cebolla en abundante aceite hasta que estén tiernas. Escurre el aceite.
3. Bate los huevos con sal y mezcla con papas y cebolla.
4. Cocina la mezcla en sartén a fuego medio hasta que cuaje, da la vuelta con ayuda de un plato y cocina del otro lado.
5. Sirve tibia o fría.

Sándwich de Pollo y Pesto

Ingredientes:

- 2 rebanadas de pan
- 100 g de pechuga de pollo cocida y deshebrada
- 2 cucharadas de pesto
- Rodajas de tomate
- Lechuga

Preparación:

1. Unta el pesto en ambas rebanadas de pan.
2. Coloca el pollo, tomate y lechuga entre las rebanadas.
3. Sirve frío o tostado.

Crepas de Nutella

Ingredientes:

- 1 taza de harina
- 1 1/4 tazas de leche
- 2 huevos
- 2 cucharadas de mantequilla derretida
- Nutella para rellenar

Preparación:

1. Mezcla la harina, leche, huevos y mantequilla hasta tener una mezcla líquida sin grumos.
2. Cocina en sartén antiadherente fina capa de mezcla hasta dorar ambos lados.
3. Unta Nutella y enrolla o dobla.
4. Sirve.

Chilaquiles Verdes

Ingredientes:

- Totopos de tortilla
- Salsa verde
- 2 huevos
- Queso fresco
- Crema
- Cilantro

Preparación:

1. Calienta la salsa verde y añade los totopos para que se suavicen ligeramente.
2. Cocina los huevos al gusto (estrellados o revueltos).
3. Sirve los chilaquiles con los huevos encima, añade queso, crema y cilantro.

Tostada de Aguacate con Huevo

Ingredientes:

- 1 rebanada de pan tostado
- 1/2 aguacate
- 1 huevo
- Sal, pimienta y limón

Preparación:

1. Aplasta el aguacate con sal, pimienta y un poco de jugo de limón.
2. Unta el aguacate sobre el pan tostado.
3. Cocina el huevo (frito, pochado o revuelto) y colócalo encima.
4. Sirve.

Arepas con Queso

Ingredientes:

- 2 tazas de harina de maíz precocida
- 2 1/2 tazas de agua tibia
- Sal
- Queso rallado o en lonchas

Preparación:

1. Mezcla la harina, el agua y la sal hasta formar una masa suave.
2. Forma arepas (discos de masa).
3. Cocina en sartén o parrilla hasta que estén doradas por ambos lados.
4. Abre y rellena con queso. Sirve caliente.

Pan de Banana con Nueces

Ingredientes:

- 3 plátanos maduros
- 1 taza de azúcar
- 1 huevo
- 1/4 taza de mantequilla derretida
- 1 1/2 tazas de harina
- 1 cucharadita de polvo para hornear
- 1/2 taza de nueces picadas

Preparación:

1. Precalienta el horno a 175°C.
2. Machaca los plátanos y mezcla con azúcar, huevo y mantequilla.
3. Agrega la harina, polvo para hornear y nueces. Mezcla bien.
4. Vierte en un molde para pan y hornea 60 minutos o hasta que al insertar un palillo salga limpio.
5. Deja enfriar antes de desmoldar.

Ensalada César con Pollo

Ingredientes:

- Lechuga romana
- Pechuga de pollo a la plancha, en tiras
- Crutones
- Queso parmesano rallado
- Aderezo César (mayonesa, ajo, anchoas, limón, mostaza, parmesano, aceite de oliva)

Preparación:

1. Lava y corta la lechuga.
2. Cocina la pechuga y córtala en tiras.
3. Mezcla la lechuga con el aderezo, añade el pollo, crutones y parmesano.
4. Sirve fresca.

Muffins Salados de Jamón

Ingredientes:

- 1 taza de harina
- 1/2 taza de leche
- 1 huevo
- 100 g de jamón picado
- 1/2 taza de queso rallado
- 1 cucharadita de polvo para hornear
- Sal y pimienta

Preparación:

1. Mezcla harina, polvo para hornear, sal y pimienta.
2. En otro recipiente bate huevo con leche.
3. Combina ambas mezclas y añade jamón y queso.
4. Coloca en moldes para muffins y hornea a 180°C por 20-25 minutos.

Burrito de Desayuno

Ingredientes:

- Tortilla de harina
- Huevos revueltos
- Frijoles refritos
- Queso rallado
- Salsa
- Aguacate (opcional)

Preparación:

1. Calienta la tortilla.
2. Coloca huevos, frijoles y queso en el centro.
3. Añade salsa y aguacate si deseas.
4. Enrolla y sirve.

Huevos Revueltos con Champiñones

Ingredientes:

- 3 huevos
- 100 g de champiñones en láminas
- Aceite o mantequilla
- Sal y pimienta

Preparación:

1. Saltea los champiñones hasta dorar.
2. Bate los huevos con sal y pimienta.
3. Añade los huevos a los champiñones y cocina revolviendo hasta que estén listos.
4. Sirve caliente.

Waffles con Miel

Ingredientes:

- 2 tazas de harina
- 2 huevos
- 1 3/4 tazas de leche
- 1/2 taza de mantequilla derretida
- 1 cucharada de azúcar
- 1 cucharada de polvo para hornear
- Miel para servir

Preparación:

1. Mezcla los ingredientes secos.
2. En otro bowl bate huevos, leche y mantequilla.
3. Combina ambas mezclas.
4. Cocina en waflera según instrucciones.
5. Sirve con miel.

Porridge de Avena con Frutas

Ingredientes:

- 1 taza de avena
- 2 tazas de leche o agua
- Frutas frescas al gusto
- Miel o azúcar al gusto

Preparación:

1. Cocina la avena en leche o agua hasta que espese.
2. Endulza al gusto.
3. Sirve con frutas frescas encima.

Panini de Mozzarella y Tomate

Ingredientes:

- Pan para panini o ciabatta
- Mozzarella fresca
- Rodajas de tomate
- Hojas de albahaca
- Aceite de oliva

Preparación:

1. Arma el panini con mozzarella, tomate y albahaca.
2. Rocía con aceite de oliva.
3. Cocina en prensa para panini o sartén hasta que el queso se derrita y el pan esté dorado.

Sándwich de Huevo y Tocino

Ingredientes:

- 2 rebanadas de pan
- 2 huevos
- 2-3 lonchas de tocino
- Mantequilla
- Sal y pimienta

Preparación:

1. Cocina el tocino hasta crujiente.
2. Fríe los huevos al gusto.
3. Tuesta el pan y unta mantequilla.
4. Arma el sándwich con huevo y tocino.
5. Sirve caliente.

Ensalada de Frutas Tropicales

Ingredientes:

- Mango, piña, papaya, kiwi (o frutas tropicales de tu elección)
- Jugo de limón
- Miel (opcional)
- Hojas de menta

Preparación:

1. Pela y corta las frutas en cubos.
2. Mezcla con jugo de limón y miel.
3. Decora con hojas de menta.
4. Sirve fría.

Bagel con Queso Crema y Pepino

Ingredientes:

- 1 bagel cortado por la mitad
- Queso crema al gusto
- Rodajas finas de pepino
- Sal y pimienta (opcional)

Preparación:

1. Tuesta el bagel si lo deseas.
2. Unta el queso crema en ambas mitades.
3. Coloca las rodajas de pepino encima.
4. Añade sal y pimienta al gusto.
5. Sirve frío.

Tostadas con Mermelada y Mantequilla

Ingredientes:

- Rebanadas de pan
- Mantequilla
- Mermelada de tu sabor favorito

Preparación:

1. Tuesta el pan a tu gusto.
2. Unta mantequilla mientras el pan aún está caliente para que se derrita un poco.
3. Añade mermelada encima.
4. Sirve inmediatamente.

Tortilla de Patatas

Ingredientes:

- 4 papas medianas peladas y cortadas en rodajas finas
- 1 cebolla picada (opcional)
- 5 huevos
- Aceite de oliva
- Sal

Preparación:

1. Fríe las papas y cebolla en abundante aceite hasta que estén tiernas. Escurre el exceso de aceite.
2. Bate los huevos con sal y mezcla con las papas y cebolla.
3. Cocina la mezcla en sartén a fuego medio hasta que cuaje, voltea con cuidado para cocinar ambos lados.
4. Sirve caliente o fría.

Panqueques de Avena y Manzana

Ingredientes:

- 1 taza de avena molida (harina de avena)
- 1 manzana rallada
- 1 huevo
- 1 taza de leche
- 1 cucharadita de polvo para hornear
- Canela al gusto
- Miel o jarabe para acompañar

Preparación:

1. Mezcla avena, polvo para hornear y canela.
2. Añade huevo, leche y manzana rallada. Mezcla bien.
3. Cocina en sartén antiadherente a fuego medio hasta dorar ambos lados.
4. Sirve con miel o jarabe.

Huevos al Horno con Espinacas

Ingredientes:

- 4 huevos
- 2 tazas de espinacas frescas
- Sal y pimienta
- Queso rallado (opcional)

Preparación:

1. Precalienta el horno a 180°C.
2. Saltea las espinacas hasta que se reduzcan.
3. Coloca las espinacas en moldes individuales para hornear.
4. Casca un huevo encima de cada molde.
5. Añade sal, pimienta y queso si deseas.
6. Hornea por 12-15 minutos hasta que el huevo esté cocido a tu gusto.
7. Sirve caliente.

Crepas Saladas de Jamón y Queso

Ingredientes:

- 1 taza de harina
- 2 huevos
- 1 1/4 taza de leche
- 1 pizca de sal
- Jamón en lonchas
- Queso rallado o en lonchas

Preparación:

1. Mezcla harina, huevos, leche y sal hasta obtener una mezcla líquida.
2. Cocina crepas finas en sartén antiadherente.
3. Rellena con jamón y queso, dobla o enrolla.
4. Calienta un poco para que el queso se derrita y sirve.

Sándwich de Atún y Aguacate

Ingredientes:

- 1 lata de atún escurrido
- 1/2 aguacate maduro
- Jugo de limón
- Sal y pimienta
- Pan de tu elección

Preparación:

1. Mezcla el atún con aguacate machacado, jugo de limón, sal y pimienta.
2. Unta la mezcla sobre rebanadas de pan.
3. Arma el sándwich y sirve.

Smoothie Verde Detox

Ingredientes:

- 1 taza de espinacas frescas
- 1 manzana verde
- 1 plátano
- Jugo de 1 limón
- 1 taza de agua o agua de coco

Preparación:

1. Licúa todos los ingredientes hasta obtener una mezcla homogénea.
2. Sirve frío.

Empanadas de Queso

Ingredientes:

- Masa para empanadas (puedes usar masa comprada o preparar masa casera)
- Queso rallado o en trozos
- Aceite para freír

Preparación:

1. Extiende la masa y corta círculos.
2. Coloca queso en el centro de cada círculo.
3. Dobla y sella los bordes presionando con un tenedor.
4. Fríe en aceite caliente hasta dorar.
5. Escurre y sirve caliente.

Huevos a la Mexicana

Ingredientes:

- 3 huevos
- 1 tomate picado
- 1/2 cebolla picada
- 1 chile jalapeño o serrano picado (opcional)
- Aceite
- Sal

Preparación:

1. Calienta aceite en sartén y sofríe la cebolla, el tomate y el chile hasta que estén suaves.
2. Bate los huevos con sal y agrégalos al sartén.
3. Cocina revolviendo hasta que los huevos estén listos.
4. Sirve caliente.

Croissant de Almendras

Ingredientes:

- Croissants (comprados o caseros)
- Crema de almendra o almendras laminadas
- Azúcar glas para decorar

Preparación:

1. Rellena o unta crema de almendra en los croissants.
2. Decora con almendras laminadas por encima.
3. Hornea unos minutos hasta dorar ligeramente.
4. Espolvorea azúcar glas antes de servir.

Ensalada Caprese

Ingredientes:

- Tomate en rodajas
- Mozzarella fresca en rodajas
- Hojas de albahaca fresca
- Aceite de oliva virgen extra
- Sal y pimienta
- Vinagre balsámico (opcional)

Preparación:

1. Alterna rodajas de tomate y mozzarella en un plato.
2. Coloca hojas de albahaca por encima.
3. Añade sal, pimienta, aceite de oliva y vinagre balsámico al gusto.
4. Sirve fresca.

Panecillos Integrales con Miel

Ingredientes:

- Panecillos integrales
- Miel
- Mantequilla (opcional)

Preparación:

1. Tuesta ligeramente los panecillos.
2. Unta mantequilla si deseas.
3. Añade miel al gusto.
4. Sirve como desayuno o merienda.

Sándwich Club

Ingredientes:

- 3 rebanadas de pan tostado
- Pechuga de pollo o pavo en lonchas
- Tocino crujiente
- Lechuga
- Tomate en rodajas
- Mayonesa

Preparación:

1. Unta mayonesa en las rebanadas de pan.
2. Coloca en la primera rebanada pollo o pavo, luego tocino, lechuga y tomate.
3. Cubre con la segunda rebanada de pan y repite las capas.
4. Cubre con la última rebanada.
5. Corta en triángulos y sirve.

Tostadas con Hummus y Tomate

Ingredientes:

- Rebanadas de pan tostado
- Hummus
- Tomate en rodajas
- Aceite de oliva
- Sal y pimienta

Preparación:

1. Unta hummus en las tostadas.
2. Coloca rodajas de tomate encima.
3. Añade un chorrito de aceite de oliva, sal y pimienta.
4. Sirve inmediatamente.

Tortilla de Verduras

Ingredientes:

- 4 huevos
- Verduras picadas (pimiento, cebolla, calabacín, tomate, etc.)
- Aceite
- Sal y pimienta

Preparación:

1. Saltea las verduras hasta que estén tiernas.
2. Bate los huevos con sal y pimienta.
3. Mezcla los huevos con las verduras y cocina en sartén a fuego medio.
4. Cocina hasta que cuaje y sirve caliente.

Panqueques de Chocolate

Ingredientes:

- 1 taza de harina
- 2 cucharadas de cacao en polvo
- 2 cucharadas de azúcar
- 1 cucharadita de polvo para hornear
- 1 huevo
- 1 taza de leche
- 2 cucharadas de mantequilla derretida

Preparación:

1. Mezcla harina, cacao, azúcar y polvo para hornear.
2. En otro recipiente bate huevo, leche y mantequilla.
3. Combina ambas mezclas hasta obtener una masa homogénea.
4. Cocina en sartén antiadherente hasta que se formen burbujas, da la vuelta y cocina el otro lado.
5. Sirve con miel, frutas o crema.

Ensalada de Quinoa y Vegetales

Ingredientes:

- 1 taza de quinoa
- 2 tazas de agua
- 1 pepino picado
- 1 tomate picado
- 1/2 pimiento rojo picado
- 1 zanahoria rallada
- Jugo de 1 limón
- Aceite de oliva
- Sal y pimienta
- Perejil o cilantro picado (opcional)

Preparación:

1. Lava la quinoa y cocínala en el agua hasta que esté tierna (unos 15 minutos). Deja enfriar.
2. En un bol grande mezcla la quinoa con todos los vegetales.
3. Añade el jugo de limón, aceite de oliva, sal, pimienta y hierbas al gusto.
4. Mezcla bien y sirve fresca.

Huevos con Chorizo

Ingredientes:

- 3 huevos
- 100 g de chorizo cortado en trozos o desmenuzado
- Aceite o manteca
- Sal

Preparación:

1. En una sartén calienta un poco de aceite y fríe el chorizo hasta que esté dorado.
2. Bate los huevos con sal y agrégalos a la sartén con el chorizo.
3. Cocina revolviendo hasta que los huevos estén cocidos.
4. Sirve caliente, ideal con tortillas o pan.

Burrito Vegetariano

Ingredientes:

- Tortillas de harina
- Frijoles negros cocidos
- Arroz cocido
- Pimiento, cebolla, maíz y aguacate en rebanadas
- Queso rallado (opcional)
- Salsa al gusto

Preparación:

1. Calienta las tortillas.
2. Coloca una capa de frijoles, arroz, vegetales, aguacate y queso.
3. Agrega salsa al gusto.
4. Enrolla la tortilla para formar el burrito.
5. Sirve caliente.

Crepas con Frutas y Yogur

Ingredientes:

- Crepas (preparadas con harina, huevos y leche)
- Frutas frescas (fresas, plátano, arándanos, etc.)
- Yogur natural o griego
- Miel o jarabe (opcional)

Preparación:

1. Prepara las crepas y colócalas en un plato.
2. Añade frutas frescas sobre las crepas.
3. Sirve con una cucharada de yogur encima.
4. Endulza con miel si deseas.

Bagel con Huevo y Queso

Ingredientes:

- 1 bagel partido por la mitad
- 1 huevo frito o revuelto
- Queso en lonchas
- Mantequilla o aceite

Preparación:

1. Tuesta el bagel.
2. Cocina el huevo a tu gusto.
3. Coloca el huevo y una loncha de queso sobre una mitad del bagel.
4. Tapa con la otra mitad y sirve caliente.

Tostada de Ricotta con Miel

Ingredientes:

- Rebanadas de pan tostado
- Queso ricotta
- Miel
- Nueces o almendras (opcional)

Preparación:

1. Unta queso ricotta sobre las tostadas.
2. Añade un chorrito de miel por encima.
3. Decora con nueces o almendras si quieres.
4. Sirve inmediatamente.